COUR D'ASSISES

DU LOIRET.

Session de juillet 1833.

AFFAIRE DE MM. La ROCHE et Pascal MORNET
Du TEMPLE,

RELATIVE AUX TROUBLES DE L'OUEST.

ORLÉANS,

IMPRIMERIE DE GUYOT AINÉ.

1833.

COUR D'ASSISES DU LOIRET.

AFFAIRE

DE

MM. LA ROCHE ET PASCAL MORNET DU TEMPLE,

Relative aux troubles de l'Ouest.

Audience du 29 juillet 1833.

UNE heure avant l'audience, l'auditoire est envahi par la famille des accusés et par une foule de spectateurs et de dames élégamment parées.

Bientôt des groupes se forment, et les hommes de toutes les opinions s'entretiennent de l'affaire qui va être appelée. On se raconte comment MM. La Roche et Mornet du Temple ont été enlevés à leurs juges naturels à Nantes, lorsque tous les témoins étaient entendus et que le jury paraissait très-favorable aux accusés. Le nom de M. Demangeat, procureur du roi de Nantes, est dans toutes les bouches. On sait que ce magistrat, sous un prétexte que la cour de cassation a taxé *d'excès de pouvoir et de fausse application de la loi,* a provoqué le renvoi à une autre cour. Les accusés ont été renvoyés à Rennes et condamnés à la déportation ; mais la cour de cassation a de nouveau cassé cet arrêt et a saisi la cour d'assises du Loiret de cette affaire.

Les accusés sont introduits. Leur présence excite le plus vif intérêt, et presque tout l'auditoire se lève à leur aspect. M⁰ Hennequin, leur avocat, est également accueilli avec un sentiment marqué d'admiration qu'excitent son caractère et son talent. Auprès de M⁰ Hennequin est assis M. Levavasseur, ancien substitut du tribunal de Paris, qui est venu, comme il l'avait si noblement fait à Rennes, prêter à M. La Roche le secours de son amitié. L'attitude des deux accusés est pleine de calme et de fermeté.

On annonce la cour, qui est ainsi composée :

Président, M. FOUGERON. — *Assesseurs*, MM. HUTTEAU et LE BER.

M. le second avocat-général *Laisné de Sainte-Marie* demande l'adjonction d'un membre de la cour et d'un juré supplémentaire. La cour l'ordonne, et M. *Douville* prend place en quali é d'assesseur supplémentaire.

Le jury se compose de MM. *Petau-Grandcour*, d'Orléans — *Dusaultoir*, idem. — *Crespin-Fédou*, idem. — *Jalouzet*, de Montargis. — *Mercier*, de Tillay-le-Gaudin. *Caunois-Bertrand*, d'Orléans. — *Bouguereau*, idem. — *Lecoq*, de Laas. — *Berge-Dufour*, d'Orléans. — *Peschard-Vaillant*, idem. — *Fauconnet-Frogier*, idem. — *Certain*, idem. — Juré supplémentaire, M. *Biesse*, d'Orléans.

M. Bardou, greffier en chef, lit les divers actes de renvoi et d'accusation.

M. le président interroge M. Frédéric La Roche, qui déclare être né à Blois, être âgé de 35 ans, ancien lieutenant de gendarmerie à Nantes, puis à Paris en 1830, aujourd'hui démissionnaire.

M. Pascal Mornet du Temple est âgé de 25 ans, propriéaire et cultivateur.

M. le second avocat-général annonce qu'il ne fera point

d'exposé ; mais il croit devoir engager MM. les jurés à se
souvenir et à prendre note des divers lieux et des diverses
époques qui ont été témoins des engagemens où l'accusation fait figurer MM. La Roche et Mornet du Temple ; et
que les débats vont retracer.

M⁸ Hennequin se lève et lit les réponses négatives du jury
de Nantes sur les questions tendantes à représenter MM. La
Roche et Mornet du Temple comme ayant fait partie d'une
bande ou comme ayant eu un commandement quelconque.
La seule question qui reste soumise au jury est donc celle-ci :
« Sont-ils coupables d'avoir pris part à un attentat tendant à
renverser le gouvernement, etc. ? »

M. le président va passer à l'interrogatoire des accusés.

M. La Roche se lève, et dit d'une voix ferme et assurée :

« Messieurs les jurés,

» Traduit devant la cour d'assises de Nantes sous le
poids d'une accusation capitale, j'avais répondu sans hé-
sitation et sans réserve aux diverses charges que le ministère public avait rassemblées contre moi, et j'attendais
avec confiance que le jury, éclairé par de longs débats,
prononçât enfin sur mon sort..... Tout-à-coup, par un
acte inoui, dit-on, dans les fastes judiciaires, je vis, sous
le plus frivole prétexte, ma cause renvoyée à une autre
session. Mes juges légitimes m'étaient enlevés, et avec
eux les chances presque certaines de mon acquittement
et l'espoir fondé d'une liberté prochaine... »

M. La Roche rappelle ensuite la protestation qu'il fit
contre l'arrêt de la cour de Nantes qui l'enlevait à ses
juges naturels, et dans laquelle il déclara qu'il n'en re-
connaîtrait jamais d'autres. Si, devant la cour de Rennes,
il s'est départi de cette conduite, ce n'a été que pour
condescendre aux sollicitations pressantes de ses amis. Cette
condescendance ne lui servit à rien ; puisqu'il s'est vu

condamné à la déportation, et que, sans la justice tutélaire de la cour suprême, il traînerait maintenant une triste
existence dans les sombres cachots du Mont-Saint-Michel.
Il est assuré des lumières et de l'impartialité du nouveau
jury devant lequel il vient d'être renvoyé.

« Mais, ajoute-t-il, j'ai la conviction intime que le jury
de Nantes devant lequel j'avais été légalement traduit avait
seul le droit de me juger, c'est-à-dire de me condamner
ou de m'absoudre ; que ce droit lui ayant été arbitrai-
rement enlevé par un excès de pouvoir (ce n'est pas moi ,
c'est la cour de cassation qui flétrit de ce nom le fatal
arrêt dont je me plains), nul autre ne pouvait plus l'exercer ; et qu'ainsi je ne dois à nul autre le compte de mes
actions, ni la justification de ma conduite....

» Mes conseils, au surplus, vous donneront les explica-
tions qu'ils jugeront convenables, et discuteront comme ils
l'entendent les témoignages que l'on va produire contre
moi. Je n'ai pas le droit, je n'ai pas la volonté de le
leur interdire ; mais, quant à moi, ma résolution est désormais
inébranlable : quoi que l'on dise ou que l'on fasse dans le
cours des débats qui vont s'ouvrir, il ne sortira pas de
ma bouche une seule parole. J'entendrai tout, mais je
n'avouerai ni ne contesterai rien. Vous êtes les maîtres
de ma liberté et de ma vie ; disposez-en, messieurs,
mais souvenez-vous que si la loi n'eût pas été violée,
vous n'auriez pas aujourd'hui ce terrible pouvoir, et que
ma liberté et ma vie seraient depuis sept mois et pour
toujours à l'abri des coups dont on va vous demander de
les frapper. » (Sensation marquée.)

M. Pascal Mornet du Temple répond qu'il n'a pas été
au Chêne, et avoue s'être trouvé parmi les hommes qui
ont renversé un arbre de la liberté, au haut duquel était
un lambeau de drapeau tricolore.

On procède à l'audition des témoins.

1ᵉʳ témoin, *François Arnoult*. — Il connaît M. du Temple. On lui a proposé de se joindre aux bandes ; il s'est décidé à partir. Il devait y avoir une revue faite par un monsieur La Roche ; mais on lui a dit qu'ils étaient plusieurs qui portaient ce nom. Il ne reçonnaît pas M. La Roche pour être celui qui portait une écharpe blanche. Une discussion assez vive s'engage ici entre M. l'avocat-général et Mᵉ Hennequin, qui prouve à MM. les jurés que M. La Roche n'a pas été et n'a pu être reconnu.

2ᵉ témoin, *Jean Deniau*. — Il est parti, armé d'une espingole, pour *suivre des messieurs* jusqu'au château de Montbert ; mais il ne connaît pas l'accusé La Roche : on lui a dit qu'il y en avait un couple. (Rires.)

3ᵉ témoin. — Le M. La Roche qu'il a vu à Pont-James n'est pas l'accusé ; l'autre était un gros homme.

Jean Bargeol, 8ᵉ témoin, a été à Montbert, à Pont-James, au combat du Chêne ; il n'a pas vu de général. M. le président lit alors une partie de la déposition écrite du témoin, où il aurait dit que c'était M. La Roche qui les faisait mettre en rang. Le témoin persiste à soutenir qu'il n'a rien dit de cela, et qu'il ne reçonnaît ni M. La Roche, ni M. du Temple.

Mᵉ Hennequin fait remarquer ici une évidente contradiction résultant de la déposition du témoin à Rennes, rédigée par des hommes honorables. M. l'avocat-général prétend qu'on ne peut se servir de pareils documens qui sont très-infidèles. M. Levavasseur demande à M. l'avocat-général qui il veut atteindre par ce reproche. M. le second avocat-général s'en défend, et dit alors qu'il ne veut indiquer que les auteurs des comptes-rendus des sessions de novembre, de mars et d'avril, à Orléans, qu'il prétend avoir été travestis. (Murmures dans l'auditoire.)

Pierre Minguet déclare qu'il était au Chêne, où il a vu Charette, ainsi qu'un nommé La Roche ; mais c'était un homme ancien, *de bonne taille;* il l'a bien regardé et ne le reconnaît pas dans l'accusé.

Plusieurs témoins qui suivent font à-peu-près les mêmes dépositions : tous ont vu un M. La Roche, mais ce n'est pas celui qu'ils ont sous les yeux : ils reconnaissent mieux M. Mornet du Temple. Quelques-uns parlent des frères de l'accusé présent, par qui ils avaient été emmenés au combat du Chêne. Leurs dépositions chargent très-peu celui des trois frères assis sur les bancs des accusés.

François Philippe fait une déposition contraire à sa première. M. le président ordonne au greffier de prendre note des variations du témoin. Ce témoin a entendu dire que Madame la duchesse de Berri allait passer ; un instant après, il a vu passer une voiture, puis une dame montée sur un cheval noir ; mais il n'a reconnu personne. M⁰ Hennequin et M. Levavasseur font ressortir avec force plusieurs nouvelles contradictions assez fortes dans les déclarations du témoin, et un débat très-vif s'établit entre la défense et le ministère public.

Les observations de la défense tendent à démontrer que ce n'est pas seulement une variation mais un sentiment d'inimitié qui dirige le témoin. Le témoin Philippe dit qu'on lui a offert de l'argent pour ne pas déposer contre M. La Roche. M. le président lui fait observer que ses dépositions ont varié beaucoup à Rennes, à Nantes et à Orléans. Enfin le témoin se retire : l'auditoire paraît partager l'indignation de la défense contre lui.

François Patron dépose de faits qui, selon la remarque de M⁰ Hennequin, sont tout-à-fait étrangers à l'accusation.

M. le président lit ensuite la déposition d'un témoin absent pour cause de maladie, qui offre des invraisemblances choquantes par suite de la déposition du témoin Philippe.

François Heyer, gendarme, a été éveillé le 4 juin par

les cris de *Vive Henri V! vive la duchesse de Berri!* Il a vu une dame montée sur un cheval noir et accompagnée d'un monsieur en veste.

Landeais, autre gendarme, qui a servi sous M. La Roche, affirme que ce dernier n'assistait pas au désarmement de Pont-James.

Julien Levraut était à quelque distance de Philippe quand plusieurs personnes lui ont parlé. Il déclare qu'après leur départ Philippe lui a dit que c'était M. La Roche qui venait de lui parler. Il ne l'a vu qu'à la distance de douze pas, et par derrière; il reconnaît très-bien l'accusé. Il ajouté qu'il était à pied. M⁰ Hennequin fait observer qu'à Nantes il avait dit que M. La Roche était à cheval.

Charles Landais, conducteur de diligence : — On a mis le drapeau sur la voiture; on a menacé de le fusiller; on lui a dit qu'on l'accompagnerait; on l'a quitté bientôt, mais il n'a pas ôté le drapeau. Il reconnaît La Roche, qui avait une redingote verte de drap ou de velours, et de la barbe; il ne sait pas s'il avait des moustaches. Il s'est appliqué à examiner seulement la figure de M. La Roche.

M⁰ Hennequin se lève, et fait ressortir la malheureuse position des accusés qui, après deux arrêts de cassation, ont fourni à leurs témoins le temps de faire de nouvelles déclarations, et d'expliquer leurs contradictions. Il prétend avoir le droit, pour combattre les nouvelles combinaisons des témoins, de s'emparer du compte-rendu, rédigé par d'honorables avocats du barreau de Rennes, et qui peut servir utilement les accusés.

M. l'avocat-général conteste ce droit, et s'étonne qu'on trouve que les deux arrêts de cassation aient pu nuire aux intérêts des accusés. Il dit qu'à Nantes on se fût plaint sans doute de la contradiction dans laquelle serait tombée le maire Pouvraut; que d'ailleurs il avait reçu une lettre dans laquelle on lui disait que M. La Roche jouerait à

Orléans la même comédie.... « Comédie! s'écrie Me Hennequin avec chaleur ; c'est le mot de M. Demangeat, et tout le monde a appris par un mémorable procès qu'en fait de comédie il est à jamais célèbre ! ! ! »

Me Hennequin ajoute qu'il est parfaitement en mesure de parler de M. Demangeat, si M. le second avocat-général veut produire les pièces et lettres dont il prétend être muni ; mais il prévient qu'il serait forcé de le faire en termes sans doute peu favorables. M. le second avocat-général se décide alors à mettre de côté ce qu'il paraissait si disposé à lire.

Pouvrau, maire de Montbert, connaissait La Roche avant le 4 juin. Ce dernier lui aurait demandé s'il voulait être maire sous Henri V : il aurait eu des pistolets, et aurait coupé une serviette pour en faire un drapeau. Selon le témoin, l'accusé avait alors une barbe et des moustaches postiches ; il était complètement déguisé. Le témoin dit encore qu'on lui a fait des menaces, et qu'en revenant de Rennes à Nantes, les autres témoins qui se trouvaient avec lui dans la voiture lui ont fait faire deux lieues à pied.

Jean Monnier père et ses deux fils déposent que M. Mornet du Temple s'est présenté chez eux, qu'il a demandé une hache, et s'en est servi pour abattre, près de leur moulin, un arbre de la liberté au haut duquel flottaient des lambeaux de drapeau tricolore.

Audience du 30.

On continue l'audition des témoins. La foule est encore plus considérable qu'hier.

M. *Marin* et M. *Malauzel*, tous deux sous-lieutenans au 56e de ligne, déposent qu'ils ont arrêté M. du Temple. M. Malauzel lui a dit : « *Vous servez une mauvaise cause* » ; ce à quoi M. Mornet du Temple lui a répondu qu'il ne reconnaissait pas le gouvernement de Louis-Philippe.

Les deux témoins déclarent en outre que M. du Temple leur a dit qu'il avait été au Chêne.

M⁰ Hennequin conteste la vérité de cette partie de leur déposition, en faisant remarquer que le procès-verbal dressé à l'instant même de l'arrestation ne fait nulle mention de ce fait si important ; il s'étonne que le souvenir en soit venu aux deux témoins dix mois après.

On procède à l'audition des témoins à décharge.

Jeanne Albert, âgée de 25 ans, de Montbert : — Elle a vu les accusés à Rennes, le lundi matin, le 4 juin ; elle a attaché une écharpe blanche au bras d'un jeune homme ayant une grande barbe jaune. Elle l'a vu s'en aller ; on lui a dit qu'il était entré chez M. le maire. Le jeune homme n'était pas *grand et gros ;* elle déclare que ce n'était pas M. La Roche.

Thomas, cultivateur à Montbert : — Il a vu les accusés à Nantes et à Rennes, le 4 juin. Les chouans sont venus chez lui, et un jeune homme de 23 à 24 ans, avec une *grande barbe et moustaches noires, avec un chapeau ciré*, lui a dit : « Nous venons de désarmer votre maire. » Il est certain que ce n'était pas M. La Roche.

M. *Julien Camuzat*, contrôleur des messageries royales à Nantes : — Il a vu les accusés à Rennes et à Nantes. Le 5 juin 1832, il a appris que la voiture avait été arrêtée. Le conducteur Landais lui certifia, *en plein bureau*, qu'il n'avait reconnu personne, tant il avait été troublé par le nombre des individus qui l'entouraient....

Ici un débat s'élève entre le témoin et le conducteur Landais. Le premier persiste avec beaucoup de force dans sa déposition, et s'étonne que Landais ait dit à Nantes et à Rennes qu'il reconnaissait M. La Roche.

Après l'audition des derniers témoins à charge et de quelques témoins à décharge qui ont jeté un jour favorable sur l'affaire, M. le second avocat-général de Sainte-Marie a, dans un réquisitoire extrêmement long, développé l'accu-

sation, qu'il a soutenue avec beaucoup de force et d'insistance.
Il est remonté d'abord à l'origine de la chouannerie, qu'il a
représentée comme comptant sur la coopération des puis-
sances étrangères. Il n'a pas voulu admettre que le renvoi
demandé à Nantes par *l'honorable* M. Demangeat, dût
placer les accusés, aux yeux de MM. les jurés, dans une
position plus digne d'intérêt. Il a surtout prétendu que les
nouveaux faits signalés par des témoins appelés seulement
à Orléans, appartenaient à l'accusation générale d'attentat.
En un mot, il n'a négligé aucun effort pour faire sortir des
faits les plus simples la culpabilité des accusés.

Me Hennequin se lève. (Un profond silence s'établit.)

« Messieurs les jurés,

» C'est surtout au milieu des troubles civils que
l'exercice du pouvoir judiciaire devient un mandat re-
doutable. Les grands sujets de méditations renfermées dans
une législation qui recherche le délit jusque dans les
régions mystérieuses de la pensée, les méprises rendues
si faciles dans ces luttes fratricides entre des hommes
d'une même origine et qui parlent un même langage, ce
sont là des difficultés premières, et ce ne sont pas les
plus graves. Comment se défendre de ces préventions dont
on se trouve comme environné, et de ces passions politiques auxquelles il est bien difficile d'être complètement
étranger?...

» Toutefois, je dois le dire, ces obstacles ont été
surmontés sur tous les points de la France où je me
suis trouvé, par les lumières et le patriotisme du jury.
Des questions qu'il était impossible d'agiter et de résoudre
sans emprunter à la métaphysique sa science et son langage ont été saisies avec une vive intelligence, et s'ap-
puyant sur cette maxime tutélaire que le doute c'est
l'innocence, que le doute c'est l'acquittement, les jurés
ont résolu avec fermeté des problèmes qui paraissaient

insolubles ; ils ont su triompher des obstacles qui les entouraient, et s'arracher vainqueurs à des difficultés qui semblaient inextricables. Il faut le dire aussi, le juré n'est plus après le serment ce qu'il était un moment avant ; une parole solennelle l'appelle à des responsabilités qu'il sait comprendre, et le constitue l'homme du devoir et de l'impartialité. Voilà, messieurs, ce que j'ai vu, et j'éprouve du bonheur à le proclamer.

» Toutefois, messieurs, j'en dois faire l'aveu, vous serez arrêtés dès les premiers pas dans cette cause par une difficulté qui se trouve habituellement résolue dans l'acte d'accusation. Car c'est une question pour vous que celle de savoir quel mandat vous a laissé la décision portée par l'arrêt de la cour de Rennes, et s'il reste encore quelque chose à juger. J'aurai concouru autant qu'il est en moi à l'œuvre de la justice, lorsque j'aurai retracé les faits généraux du procès, recherché ce qui peut rester encore à juger, et considéré les preuves opposées à mes deux cliens par le ministère public : tâche immense que j'aborde avec confiance, et que je vous promets d'accomplir avec impartialité ! « Avant d'être défenseur, disait un orateur qui répandit sur le barreau de la capitale un immense éclat (1), avant d'être défenseur, *je suis homme et citoyen.* » Homme et citoyen, MM. les jurés, je viens remplir tous mes devoirs dans cette cause, et c'est par d'irréprochables doctrines que j'espère arracher ces jeunes hommes à l'affreux avenir qui les a si long-temps menacés. »

Le défenseur rappelle les faits généraux. Il présente le tableau de la procédure depuis les débats de Nantes jusqu'au dernier arrêt de cassation. Il s'exprime ainsi :

« En décembre 1832, un grand procès politique s'instrui-

______

(1) M. Bellard, procureur-général.

sait devant la cour d'assises du département de la Loire-
Inférieure. MM. La Roche et Mornet du Temple, Dubois,
Reliquet, Etourneau et Chevalier, y comparaissaient; les
deux premiers comme coupables de s'être mis à la tête
de bandes armées et d'y avoir exercé un commandement,
et comme coupables aussi d'avoir commis un attentat
ayant pour but de changer le gouvernement; les quatre
derniers n'étaient accusés que d'attentat seulement. Le
débat avait déjà rempli deux audiences, et il n'est pas
nécessaire de se précipiter dans les profondeurs de la
discussion pour comprendre les espérances que les accusés
avaient pu concevoir.

» C'est une distinction que l'humanité réclame, que
la raison avoue, et qu'au surplus la loi consacre, que celle
qui jette un espace immense entre les créateurs, les
chefs des bandes insurrectionnelles, et les partisans dévoués qui viennent s'y perdre et s'y confondre. Or, l'instruction, en l'acceptant dans le sens le plus favorable
au ministère public, n'imprimait point aux accusés le
caractère du commandement. Ni l'un ni l'autre n'avait été
saisi sur le lieu du rassemblement; point d'armes au
moment de l'arrestation, et aussi point de résistance.
L'acquittement était évident, et personne malheureusement
ne pouvait en douter. Ici se présente un épisode, affligeant
sans doute, mais qu'il est de mon devoir de retracer.

» Les lois ont réglé les relations entre le barreau et
le parquet; entre nous, tout doit être officiel. La loi
n'admet pas ces *à-parte* où sous les apparences de la
bienveillance peut se consommer plus d'une perfidie.
Le matin de la troisième audience, le 29 décembre, M.
le procureur du roi qui remplissait les fonctions du ministère public près de la cour d'assises, fait inviter les
défenseurs des accusés à monter au parquet. Il leur dit
qu'il vient de s'apercevoir que dans la notification faite

aux accusés de la liste des jurés, il a été commis une erreur; que dans le mot *Bains* la lettre H a été substituée à la lettre B, et qu'il ne veut pas qu'en cas de condamnation les accusés puissent se faire un moyen de cette irrégularité.

» Ici s'élève un grave litige :

» M. Demangeat exigea-t-il, sous peine de requérir le renvoi à une autre session, que l'erreur fût corrigée sur la copie des accusés ?

» M. Demangeat nie; il dit, il imprime dans des lettres qu'il a publiées par la voie des journaux : « *Je ne conseillai rien, je ne m'engageai à rien, je n'exigeai rien.* » Les défenseurs affirment au contraire qu'il avait été convenu que l'erreur serait rectifiée sur les copies, et que, cette rectification opérée, M. le procureur du roi consentirait à la continuation du débat. Si vous aviez à prononcer entre ces deux versions, vous seriez sans doute frappés des deux faits suivans : la rectification s'est opérée sur les copies; cette rectification a-t-elle donc eu lieu d'office et sans provocation aucune ? Les débats ont continué depuis la conférence au parquet; n'est-ce pas la démonstration qu'une convention s'est accomplie ?

» Quoi qu'il en soit, les témoins sont entendus : M. Demangeat prend la parole; il conclut à l'acquittement d'Achille Dubois, de Reliquet, d'Etourneau et de Chevalier; il n'a plus à s'expliquer que sur l'accusation dirigée contre La Roche et Mornet du Temple.

» L'audience est pendant quelque temps suspendue. A la reprise, M. le procureur du roi signale à la cour l'erreur commise dans la notification. Il interroge les accusés et les défenseurs, qui renoncent à se prévaloir de cette irrégularité. La cour demande que les copies rectifiées soient déposées sur le bureau; la cour délibère, et c'est ici que va s'offrir à vos regards un *excès de pouvoir* sans exemple dans les fastes judiciaires. Par arrêt du 29 décembre, la cause est renvoyée à une autre session. »

Il est de principe qu'à la cour de cassation seule appartient de prononcer, de statuer sur les nullités commises dans les actes qui ont précédé l'ouverture des débats, et dans le cours des débats même. S'il en était autrement, il serait toujours possible d'enlever une cause au jury dont on redouterait la décision. « Quoi ! s'écrie Me Hennequin, il serait toujours permis à la cour de déposséder le ministère public du verdict qui va venger la société, ou de déshériter les accusés des paroles libératrices qui vont briser leurs fers !!! il serait permis de se jouer ainsi des convictions obtenues, ce patrimoine sacré de l'accusation et de la défense !!! »

Me Hennequin rend compte de l'arrêt qui a été rendu sur le pourvoi des accusés, et qui, attendu *l'excès de pouvoir*, casse l'arrêt du 29 décembre, et renvoie la cause devant la cour de Rennes.

« Il semblait, dit le défenseur, qu'il appartenait au jury du département d'Ille-et-Vilaine de restituer aux accusés, par un acquittement, celui qu'ils étaient au moment d'obtenir ; car, je dois vous le dire, messieurs, si la justice eut son excès de pouvoir, l'humanité voulut avoir le sien. Voici, messieurs, la déclaration qui suit, souscrite par cinq jurés, c'est-à-dire par le nombre de voix que demandé l'acquittement :

« Les soussignés, qui faisaient partie du jury chargé, aux assises de la Loire-Inférieure du mois de décembre 1832, de prononcer sur le sort des accusés Mornet du Temple, etc., etc., déclarent qu'au moment où est intervenu l'arrêt rendu par la cour d'assises qui renvoyait cette affaire à une autre session, *ils avaient une conviction favorable aux accusés. Signé* URVOY DE BÉDAN, JULES DUFOU, BRUNET, BAUDET, BAINS. »

» La cour de Rennes ne comprit pas ainsi son mandat, et cependant sa décision ne fut pas absolument stérile pour les accusés : la question de commandement dans les bandes fut résolue négativement ; mais la question d'attentat reçut une solution affirmative ; la peine, c'était la mort sur l'échafaud ! ! !.Les circonstances atténuantes réservèrent les accusés à cette longue agonie qu'on appelle le déportation , c'est-à-dire pour nous la détention perpétuelle.

» Je fus appelé à l'honneur de soutenir le pourvoi. Les moyens de cassation étaient nombreux , car il semble que la justice indignée refuse ses formes et sa puissance à la condamnation de ces jeunes hommes.... Un des moyens fut écarté, et la cour de cassation, sans s'expliquer sur les autres , et s'attachant à cette circonstance qu'une communication à voix basse s'étant établie entre un témoin et un juré, le serment de ne communiquer avec personne avait été violé , cassa l'arrêt de Rennes , et renvoya les accusés devant vous. Mais la cassation fut seulement partielle, et je dois vous faire remarquer que la cour a formellement maintenu les décisions du jury de Rennes , favorables aux accusés. On a dit que le moyen de cassation était léger ; je pourrais en montrer, en maintenir l'importance. Mais si l'on s'obstinait à n'y voir que l'influence que durent exercer sur la cour suprême l'âge , la position , l'avenir des deux condamnés, serait-ce donc un malheur pour ma cause d'aujourd'hui ?...

» C'est à-la-fois la cause de mes cliens et la mienne que je viens soutenir. Un souvenir plein d'amertume viendrait-il donc se mêler aux souvenirs pleins de douceur que m'ont laissés les dix mois qui viennent de s'écouler ? Un vieux guerrier qui se trouvait, pour ainsi dire, enlacé par une troupe armée dont cependant il ne faisait pas partie, a dû son acquittement au discernement éclairé de ses juges. Emile de Chièvres et ses amis triomphent des cruelles apparences qui les enveloppent au bois d'Amayon. Que dis-je ! le jury répond avec indépendance, à Montbrison, qu'il ne sait pas accepter comme une vérité judiciaire et donner pour base à des condamnations redoutables une conspiration dont l'accusation déclare ne pas posséder la preuve ; qu'il ne sait pas, en s'expliquant sur une émeute qu'on ne lui dénonce pas, s'immiscer dans une question dont il n'est pas saisi. Et lorsque je fus témoin de ces résultats immenses auxquels peut-être mes efforts ne furent pas étrangers, je verrais un naufrage lorsque j'ai tous les moyens de parvenir au port ! ! ! Non, cette douloureuse pensée ne sera pas jetée dans mon ame. Ici la condamnation n'aurait pas même un prétexte ; MM. les jurés, écoutez-moi. »

M⁰ Hennequin entre dans la seconde partie qu'il avait annoncée ; il recherche ce qui peut rester à juger.

« La première série de questions, toute relative à l'existence et à la formation des bandes, a disparu du procès. Cette nature du délit, gouvernée par une législation complète (Art. 96 , 97 , 98 , 99 et 100 du code pénal), est à jamais bannie de la discussion. Et cependant alors , quelle question peut rester encore ? L'attentat que l'on impute aux accusés n'aurait été commis par eux que lorsqu'ils faisaient partie des bandes. C'est l'attentat prévu par l'article 97. Or , toute cette législation est bannie du procès ; il ne reste donc plus rien à juger. »

M. Hennequin demande quels sont parmi les faits de l'acte d'accusation , ceux qui pourraient constituer le délit d'attentat.

« Le drapeau blanc placé sur une voiture ? le désarmement d'un maire ? mais ce sont là des délits de bande, et tous les faits de cette nature sont jugés. »

Cependant, surabondamment, le défenseur examinera

les faits dans lesquels on essaie de trouver des délits particuliers, des attentats; mais d'abord ces faits ne peuvent être puisés que dans l'acte d'accusation. Le défenseur s'oppose à l'admission des faits nouveaux, non compris dans la procedure, non articulés, soit à Nantes, soit à Rennes, et sur lesquels des témoins ameutés par une puissance ennemie sont venus déposer devant la cour.

Le défenseur cite à cette occasion les articles 241, 337, 338 et 361.

« Il est impossible, dit le défenseur, qu'un procès criminel soit une immense enquête où toutes les passions haineuses soient admises à déposer. Ce serait placer le jury et la magistrature sous une initiative immense, illimitée, et donner naissance à tous les genres de scandale et de surprise. Il se trouvera toujours des Monnier, des Philoleau, prêts à venir provoquer de lenr sourire insultant un voisin qu'ils envient, un rival, un censeur. Quel bonheur que de contempler sur le banc des accusés l'homme à qui l'on a tant de fois prédit un sinistre avenir! Déposer, accuser, quoi qu'il arrive, c'est déjà une satisfaction... Et comment se défendre sur ces faits nouveaux? Restons dans la loi, messieurs, restons dans l'acte d'accusation. »

M. le défenseur s'occupe des faits reprochés à ses deux cliens; et d'abord il parle de M. du Temple. Après avoir rappelé que depuis les événemens du 6 juin il s'est mis en relation avec l'adjoint de sa commune, et était au moment d'accomplir les conditions de l'amnistie lorsqu'il fut arrêté, le défenseur s'empare de l'article 64 qui ne voit ni crime ni délit dans les actes amenés par une contrainte qui, pour être toute morale, dit le défenseur, n'en rentre pas moins dans les termes de la loi; ce qui conduit le défenseur à faire connaître son client au jury.

« Pascal Mornet du Temple, âgé de 25 ans, est le dernier de trois frères, dont les deux aînés, compromis comme lui dans les troubles de la Vendée, sont actuellement en fuite, et poursuivis par contumace, si même ils ne sont déjà condamnés.

» Les travaux de la campagne sont les seuls auxquels il se soit jamais livré. Aussi, est-ce à ces paisibles travaux qu'il s'adonnait tout entier, cherchant à réparer par son activité les pertes énormes que la révolution avait fait faire à sa famille. Il les aimait avec passion ces travaux agricoles, et l'on ne peut s'empêcher de partager l'attendrissement qu'il éprouve lui-même, quand le souvenir de ses champs vient le frapper au milieu des cachots dans lesquels il est depuis si long-temps retenu. Ce souvenir, joint à celui de sa mère, restée seule, isolée et en proie aux inquiétudes cruelles que lui donne le sort de ses trois enfans proscrits, peut seul altérer quelquefois le calme et la gaîté dont il jouit, et sur lesquels les persécutions dont il est l'objet ne pourraient rien sans cela.

» La part qu'on lui reproche d'avoir prise aux derniers efforts royalistes de la Vendée, est assurément bien légère, puisque l'accusation est dans l'impossibilité de lui prouver qu'il ait fait autre chose que de marcher à côté d'une bande commandée par ses frères. Mais cette part, quand elle eût été plus grande, pouvait-il refuser de la prendre ?

» Ici, messieurs, je dois vous parler de l'un de ces entraînemens de famille dont la justice criminelle doit savoir tenir compte.

« Son père n'était âgé que de 17 ans, quand la première révolution éclata. Il était connu de Charette qui l'appela à partager ses périls. Il ne fut point sourd à cet appel. Il se rendit en effet près de Charette, et devint dès-lors son compagnon et son ami. En 1815, il prit de nouveau les armes, et reçut enfin, en 1822, la récompense de son dévouement, des mains de M. le duc de Rivière, qui lui remit la croix de Saint-Louis, au nom du roi. Cette cérémonie dont Pascal fut témoin, Pascal bien jeune encore, fit, vous le comprenez, une profonde impression sur son ame.

» Il venait de fermer les yeux, lorsque les événemens de 1830 renversèrent pour la troisième fois le trône pour lequel il avait si courageusement combattu. L'intimité qui existait entre Charette et lui s'établit plus tard entre leurs familles, et l'appel du baron de Charette trouva les trois frères dans les sentimens traditionnels et pour ainsi dire héréditaires.

» Certes, je n'oublierai pas cette belle réponse de mon client devant la cour d'assises de Nantes : « *Je suis ici pour me défendre et non pour accuser mes frères* », et je me garderai bien de lui présenter le secours d'une défense fratricide qu'il désavouerait.

» Mais je le demande à tout homme impartial et de bonne foi, Pascal Mornet du Temple pouvait-il donc rester en dehors du mouvement? Les trois frères auraient cru manquer à l'honneur ; ils auraient cru manquer au devoir que leur nom leur imposait ; leur mère, comme une autre Machabée, eût excité leur courage, et Pascal le dit souvent avec une admirable simplicité, il n'eût plus osé se présenter devant elle s'il se fût séparé de ses frères..... Enfin, je vous le demande encore, lorsqu'il était avec ses deux aînés, est-ce à lui qu'appartenait l'influence ? »

» Au surplus, de quel fait est-il donc accusé ? Je lis dans la seule pièce que vous puissiez à cet égard consulter :

« *Pascal et ses deux frères arrivent à Pont-James à la tête d'une bande composée d'une centaine d'hommes, et s'y réunissent à la Roberie. Ils ont également été tous les trois au Chêne, mais ils ne paraissent point y avoir eu de commandement.* »

» La première partie de cette accusation ne renferme que
le délit d'avoir fait partie d'une bande ; or, c'est un grief
effacé par l'arrêt de Rennes et dont il n'est pas même
permis de s'occuper.

» Est-il établi que Pascal ait été au Chêne ? Deux observations : l'accusé, qui d'ailleurs est convenu de tous les
autres faits, s'enferme, à cet égard, dans une dénégation
positive, et l'accusation ne produit qu'un témoin dont il
faut rappeler la déclaration, la déclaration orale : « *Je ne
puis pas affirmer que les trois frères étaient au Chêne, mais
je n'ai vu s'éloigner que l'aîné, et j'en ai conclu que les
deux autres frères demeuraient.* »

Le défenseur s'attache à prouver que le témoin fût-il
favorable à l'accusation, la preuve serait impuissante ; l'af-
firmation du témoin et la dénégation de l'accusé sont deux
quantités qui se balancent et s'effacent réciproquement ;
mais le témoin n'affirme pas, et sa déclaration orale peut
se concilier avec sa déclaration écrite.

« Le ministère public a voulu, continue le défenseur,
s'appuyer sur la déclaration des deux officiers, auteurs de
l'arrestation, et qui, parmi des paroles provoquées, mais
imprudentes, prétendent avoir entendu celles-ci : « *Gracié
demain, je reprendrais à l'instant même les armes comme
je les avais au Chêne.* » Le procès-verbal d'arrestation est
rapporté : c'est une pièce qui se distingue des autres documens de l'instruction, puisqu'on doit la mettre sous les yeux
des jurés ; et dans cette pièce, écrite sous l'impression du
moment et qui retrace les paroles entendues, le nom du
Chêne, ce nom si remarquable, ne se trouve pas écrit. Et
d'ailleurs, la présence au Chêne est un fait sans portée,
car il ne s'agit pas seulement de la présence qui rentre dans
le délit jugé par la cour de Rennes, il faudrait du moins
parler de la participation.

» Les partisans d'une cause, qui se trouvent sur le lieu

du combat, sont justiciables de la mitraille ; mais après la défaite et lorsqu'ils paraissent dans l'enceinte des cours d'assises, une juridiction, une jurisprudence, plus équitables, commencent pour eux ; là siége la raison, la sagesse. sociale ;.... s'ils ont été saisis sur le lieu du combat, c'en est assez, ils subissent les conséquences d'une cruelle solidarité. Arrêtés hors du théâtre de la lutte, ils ont le droit de demander à l'accusation la preuve de la participation prise et des actes personnels. Ne voulaient-ils assister le mouvement politique que par leur seule présence ? se sont-ils maintenus dans une inaction commandée par le repentir ou par un sentiment moins digne ? l'accusation doit répondre : « Ce que nous savons, c'est que les trois frères, s'ils étaient au Chêne, s'y trouvaient sans commandement ; ce que nous ne savons pas, c'est la conduite qu'y voulut tenir Pascal ; c'en est assez pour l'acquittement. »

L'avocat passe aux faits relatifs à la défense de M. La Roche.

« C'est au jour de ces dangers, dit-il, que la vertu doit recevoir le prix de tous ses sacrifices ; j'ai le droit d'invoquer les antécédens de celui qui m'a confié sa défense ; responsable de son avenir, son passé m'appartient.

» Et cependant, que M. La Roche se rassure, je ne dirai pas tout.

» Frédéric La Roche est né à Blois, en 1797, d'une famille très-honorable ; et je ne cherche point à le dissimuler, La Roche ne fut élevé ni dans l'amour de la révolution, ni dans la haine des rois. Aussi salua-t-il avec enthousiasme un événement qui, renouant la chaîne des temps, replaçant la France dans une situation analogue à celle de tous les peuples de l'Europe, devenait ainsi pour elle un gage de repos et de prospérité. Une révolution militaire, toute d'enthousiasme, en rappelant l'étranger sur le sol de la France, offrit l'occasion à La Roche, bien jeune alors, de rendre à ses concitoyens un éminent service. La ville de Blois avait été frappée par les autorités prussiennes d'une contribution extraordinaire; le préfet du département demande et obtient une suspension de vingt-quatre heures, et dirige, à l'instant même, sur Paris, le jeune La Roche, alors âgé de 18 ans, et qui se montre digne de la confiance dont il est si fier. Il dévore l'espace, pénètre jusqu'au ministre, remet ses dépêches, voit s'écouler dans des formalités inévitables quelques instans, des siècles pour son impatience, et reparaît avant l'expiration du délai fatal avec l'ordre protecteur qu'il remet au préfet, en tombant à ses pieds de fatigue et d'épuisement....

» Je tiens à la main le passeport qui lui fut alors délivré. La vocation de La Roche l'appelait à la carrière des armes, et les faits prouvent qu'il ne fut pas secondé par la faveur des cours. Après quatorze ans d'honorables services, il n'avait pas dépassé le grade modeste de lieutenant. Au mois de juin 1824, La Roche passa dans la gendarmerie, et fut nommé à la résidence de Nantes, où bientôt il put signaler cette courageuse abnégation de lui-même et ce dévouement à tous les genres de malheurs qui sont les traits distinctifs de son caractère. Dans la nuit du 9 octobre, un violent incendie éclate dans la commune de Bourgneuf, La Roche y court, c'était son devoir; mais un journal que je tiens à la main va vous dire quelle y fut sa conduite:

« M. La Roche, lieutenant de gendarmerie, a sauvé du
» milieu des flammes le jeune Hélin, qui allait périr victime
» de son courage. » (*Le Breton*, 11 octobre 1827.)

» C'est ainsi que s'établissait pour M. La Roche, dans l'arrondissement de Nantes, cette renommée qui devait lui devenir si funeste au mois de janvier 1830. La Roche passa, toujours en qualité de lieutenant, dans la gendarmerie de Paris, garnison enviée et redoutée tout à-la-fois, Il s'y trouvait encore à l'époque des événemens dont cette ville célébrait hier le troisième anniversaire,

» Je vous ferais injure si j'hésitais à vous dire que dans ces terribles journées La Roche fut fidèle à tous ses devoirs. Il avait à préserver de l'invasion l'hôtel des affaires étrangères : le peuple est enfin devenu le maître ; la vie de l'officier de gendarmerie court les plus grands dangers ; mais l'hôtel de l'un des chefs de l'opposition est dans le voisinage ; Casimir Périer accourt, la foule s'ouvre devant lui ; la vie de La Roche est sauvée par cette puissante intervention. Honneur à la mémoire de l'homme courageux dont les opinions politiques peuvent être diversement jugées, mais qui restera du moins, aux yeux de tous les partis, un citoyen illustre et généreux ! ! !....

» Il est donc vrai qu'à pareille époque La Roche fut sauvé par un des fondateurs de l'ordre de choses qui règne aujourd'hui. MM. les jurés, il vous convient de célébrer dignement cet anniversaire ! ! !

» Je n'ai pas besoin de vous dire quelle fut la résolution de La Roche. Le drapeau qu'il avait adopté avec tant d'amour, qu'il avait défendu avec tant de fidélité, était déchiré par la tempête ; il n'en voulut pas connaître d'autre... Profession qu'il aimait, fruit de quatorze ans de services, espérance de l'avenir, il sacrifie tout à ce qu'il considère comme un devoir imposé par l'honneur. Et cependant il se trouvait alors dans une affreuse position : son mobilier, ses vêtemens, son linge, son argent, tout avait péri dans l'incendie de la caserne qu'il habitait, et l'on peut dire à la lettre qu'il ne lui restait pas une obole... Il se souvint alors de ses amis de Nantes, car ce fut le privilége de La Roche de laisser des amis dévoués partout où il a paru. Il eut le bonheur d'entrer dans une maison honorable où il devait apporter de touchans exemples, mais aussi d'amères douleurs

» Mme. Billou avait un fils, jeune homme doué des qualités les plus aimables, et qui s'attacha bientôt à La Roche, par suite de cet ascendant que la vertu exerce autour d'elle, pour ainsi dire à son insu. C'est au commencement de 1831 que M. La Roche se chargea de la direction du commerce de Mme. Billou, et cette dame prendra soin de vous dire elle-même comment ce mandat fut géré ; mais ce qu'il importe à la défense de remarquer ici, c'est que La Roche était conduit à Nantes par des intérêts purement commerciaux, un an avant les événemens où son nom est venu figurer. Vous connaissez comment s'est effectuée l'arrestation de La Roche : M. Guibourg s'était évadé de la prison de Nantes; Mme. Billou, que l'on peut appeler la providence visible des malheureux, n'aurait assurément pas refusé d'accueillir un fugitif échappé des fers que la politique avait forgés. Des recherches ont lieu dans sa maison de campagne, et c'est-là que La Roche est rencontré. Interrogé, il se conduit comme un officier de cavalerie qui n'a pas voulu continuer à rester au service en 1830, et refuse de répondre; on veut l'arrêter, il réclame l'exhibition du mandat d'amener; officier de gendarmerie, il s'indigne de la violation des formes qu'il a toujours su respecter ; et s'il a promis aux gendarmes qui l'emmenèrent *de ne point oublier cette promenade forcée*, reconnaissez là le lieutenant et non pas l'homme politique; il se plaint de cette arrestation illégale, comme dans d'autres circonstances il aurait pu la punir par des arrêts forcés.

» Je vous ai parlé du fils de Mme. Billou : ce jeune homme, un moment arrêté, avait considéré comme un malheur une mise en liberté qui le séparait de son ami. Chaque jour il se présentait aux portes de la prison, et chaque jour il se voyait repoussé par l'impitoyable consigne. Un avenir effrayant pour La Roche se présente à l'imagination du malheureux jeune homme; une fièvre brûlante le saisit, et cependant sa jeunesse semble triompher un moment de ses douloureuses affections... Il revenait à la vie, lorsqu'un imprudent lui fait connaître l'ar-

rêt de Rennes... Quelques jours après il n'existait plus...
Je n'essaierai pas, Messieurs, de vous peindre la douleur de
La Roche, que je réveille en ce moment ; je m'empresse de
vous lire deux écrits que maintenant vous pourrez comprendre.

» Le premier est signé par un magistrat du temps actuel,
par un juge de paix de la ville de Blois. Il est ainsi conçu :

« Invité par M. Jean-François-Frédéric La Roche,
ancien lieutenant de gendarmerie à Nantes et ensuite à Paris,
à exprimer une opinion personnelle sur sa moralité et sa
conduite, et quoique je sente le peu de poids que doive
avoir une semblable attestation sur des jurés auxquels je
suis inconnu, ne voulant pas refuser à un ami malheureux
un témoignage qui ne coûte rien à ma sincérité et qui
satisfait mon cœur, j'affirme que depuis vingt ans que je
suis étroitement lié avec lui, chaque jour m'a fait appré-
cier davantage ses excellentes qualités ; que je ne connais
point d'homme plus probe et plus désintéressé, de fils plus
tendre, de meilleur parent, d'ami plus dévoué ; qu'encore bien qu'il fut attaché de cœur et par la reconnaissance
à la branche aînée des Bourbons, je l'ai toujours trouvé
tolérant en politique, et que jamais la différence de nos
principes sur cette matière n'a troublé la franchise et le
plaisir de nos relations ; que je crois pouvoir dire que les opinions politiques ne lui ont pas fait un ennemi à Blois parmi
ses nombreuses connaissances, et qu'il m'est certain que s'il
s'est trompé dans la ligne de conduite qu'il a suivie, son
erreur a été celle d'un homme de bien qui s'est mépris
sur le véritable intérêt de son pays ; qu'enfin il me semble
impossible que dans ces derniers temps il se soit livré
à aucune action contraire à son caractère et à ses antécédens bien connus.

» Blois, 23 décembre 1832.

» Th. Nauvin, *juge de paix à Blois (Ouest).* »

» Il est une autre amitié dont s'honore la vie de mon client, et dont je vous parlerais davantage si j'avais un auditeur de moins...

(Tous les regards se tournent vers M. Levavasseur, ami et conseil de M. La Roche, et qui est assis auprès de M⁸ Hennequin.)

» Mais une observation m'a frappé! Que j'aime à voir le magistrat qui n'a plus voulu l'être et le magistrat d'aujourd'hui se réunir dans la profonde estime et la vive amitié que mon client leur inspire!!!...

» Venez, à votre tour, femme vénérable, défendre celui qui fut si touché de votre confiance, et qui s'en montra si digne : puisse-t-il, en échange de vos paroles secourables, remplacer près de vous le fils que vous avez perdu! »

Le défenseur donne lecture de la lettre suivante, qui a été entendue avec une émotion visible de tout l'auditoire :

M. Hennequin, avocat,

rue des Saints-Pères , n° 3, à Paris.

« Monsieur,

» M. La Roche m'apprend que vous voulez bien vous charger de sa défense à Orléans, et je viens joindre ma reconnaissance à la sienne, en vous exprimant combien je suis touchée de ce nouveau témoignage de bienveillance. Je ne puis non plus résister au besoin de vous révéler des circonstances que la modestie de M. La Roche vous laisserait ignorer, tant il sait bien s'immoler pour les autres. C'est d'ailleurs un devoir que je remplis.

» Je venais de perdre mon mari : restée seule à la tête d'une assez vaste entreprise, j'appris que M. La Roche se trouvait dans la position d'accepter un emploi dans le commerce ; je lui offris et il agréa, au commencement de 1831, la direction de mes affaires ; il y déploya tant de zèle, d'efforts, d'activité et de persévérance, qu'en très-peu de temps j'étendis mes relations, et que je portai à 600 le nombre des personnes employées à ma fabrique. Je ne serai pas démentie par eux en vous affirmant que tous le regrettent plutôt comme un père que comme un maître. Depuis son absence, j'ai été forcée d'en congédier plus de 200 ; ils attendent aussi leur arrêt à Orléans.

» J'avais un fils, Monsieur : son unique ami c'était M. La Roche, qui avait développé dans le cœur de ce cher enfant, les principes de la religion que j'avais essayé d'y déposer ; mon fils avait presque retrouvé un père. J'étais heureuse, je vous l'avoue, de tant d'affection et de confiance, quand M. La Roche et mon fils furent inopinément enlevés à leurs paisibles travaux ; mon fils fut rélaxé trois jours après. Vainement il sollicita depuis la faveur de revoir son ami en prison, elle lui fut refusée sans pitié. Cette séparation le saisit d'un tristesse profonde et sombre ; une première attaque de fièvre cérébrale faillit me l'enlever, et il commençait une pénible convalescence quand une imprudence lui apprit l'arrêt du 29 décembre qui condamnait M. La Roche. Je perdis alors, Monsieur, ma dernière consolation ! ! ! En sollicitant votre talent et votre intérêt, je vous transmets le dernier vœu de mon cher fils ; c'est un legs pieux qu'il vous est donné d'acquitter. Je ne pourrais vous en dire davantage ; vous voudrez bien comprendre l'amertume de ces souvenirs ; l'espoir seul de revoir l'ami de mon malheureux fils peut les adoucir. Dieu m'a soutenue, et il m'exaucera !

» Recevez, Monsieur, l'assurance du profond respect de votre bien humble et bien obéissante servante,

« Veuve Billou. »

« La Roche vous est maintenant connu, messieurs, et cependant je ne vous demanderai pas de céder à la bienveillance qu'il vous inspire ; c'est à votre raison seule que je prétends m'adresser.

» Deux faits : le désarmement du maire de Montbert, un drapeau blanc placé sur une diligence... Eh bien ! pas de preuves, ou, pour mieux dire, méprise démontrée. Ce n'est pas au moment où des étrangers sont entrés chez lui que le maire de Montbert a reconnu La Roche ; il ne s'agit pas d'une reconnaissance spontanée, et, comme dirait Montaigne, *prime-sautière*. Le maire a vu un homme dont il connaissait les traits, mais dont il ne se rappelait pas le nom ; c'est plus tard, lorsque le personnage n'est plus là, que l'on dit au maire, ou qu'il se dit à lui-même, nous ne savons pas à laquelle des deux versions il faut s'arrêter : « *Cet homme que j'ai vu quelque part, c'est l'ancien officier de gendarmerie.* » Au surplus, la méprise est constante ; l'homme que le maire a vu avait une longue barbe blonde, une barbe postiche, des moustaches et une écharpe au bras. Or, des témoins irrécusables ont établi que l'homme reconnaissable à tous ces insignes, et qui en effet est entré chez le maire, n'était pas La Roche, mais un jeune homme que plusieurs témoins ont signalé. Vous avez entendu la jeune fille par qui l'écharpe fut attachée un moment avant l'invasion de la maison du maire. Que vous dirai-je de la voiture, ou, pour mieux dire, du drapeau blanc ?... mais d'abord, que c'est un fait dont ne parle pas l'accusation. La Roche est accusé d'avoir escorté la voiture, fait compris dans la décision de Rennes, mais non pas de l'avoir surmontée d'un drapeau. Au surplus, Landais a déclaré devant un témoin qui l'a redit *que, dans le trouble où l'avait jeté cette rencontre, il n'avait pu reconnaître personne;* et cependant, ce serait un grand physionomiste que Landais !.. Qu'un homme dont la figure est couverte par des moustaches d'autant plus épaisses, par une barbe d'autant plus fournie, que ce n'est pas à la nature que celui qui les porte les doit, arrête la voiture de Landais sur la route, et que long-temps après on représente au pénétrant conducteur de diligence un homme qui n'a ni barbe ni moustaches, et que la nature, favorable sous d'autres rapports, a du moins, à cet égard, traité en marâtre, n'importe, Landais reconnaîtra... Décomposant l'homme par qui sa voiture fut arrêtée, il retrouvera sous les apparences qui dûrent frapper son attention, l'homme que ces apparences ne déguisent plus. Mais quoi! Landais ne peut-il pas se tromper dans cette décomposition? qui voudrait condamner sur la foi de son infaillibilité? qui le voudrait lorsqu'il est certain qu'il s'abandonne à la même méprise que le maire de Montbert?

» Je ne parlerai pas de l'ex-brigadier Philippe, d'abord parce que les faits qui le concernent ne peuvent pas constituer un délit. Quelques mots échangés et des poignées de mains ne constituent pas un attentat; et puis, c'est un témoin que vous avez jugé dans le cours des débats, et je ne veux pas abuser de la victoire. »

Le défenseur aurait pu citer à l'appui de son système sur ces méprises dont il existe tant d'exemples dans les fastes judiciaires, un fait bien connu dans le ressort de la cour d'Orléans.

Dans la nuit du 4 au 5 mai 1817, trois hommes, armés de haches, entrèrent avec effraction dans la maison des époux Soucieux; ils les frappèrent et les volèrent.

Soucieux déclara avoir reconnu, à la voix, dans sa maison, le nommé Chamberoi, porte-faix à Vendôme, et l'avoir reconnu aussi, à la tournure et à la figure, dans sa cour.

Chamberoi fut arrêté; Soucieux déclare le reconnaitre parfaitement pour être un de ceux qui l'avaient volé. La femme et la fille Soucieux attestèrent qu'elles le reconnaissaient à la voix, à la figure et à la tournure.

Cependant Chamberoi, emprisonné depuis près de trois mois, malgré les dépositions formelles des époux et de la fille Soucieux, protestait de son innocence, lorsque le procureur du roi de Vendôme découvrit que les véritables et seuls auteurs du crime étaient les nommés Poussin, Loiseau et Chevalier.

On confronte ces derniers avec les époux et la fille Soucieux, qui alors reconnurent qu'ils s'étaient trompés en désignant Chamberoi comme l'un des auteurs du vol commis à leur préjudice. Ils déclarèrent que leur erreur était provenue de ce qu'un des prévenus avait la voix de Chamberoi, et de ce qu'un autre avait sa tournure et sa figure. Chamberoi, sur le point d'être victime d'une irréparable erreur judiciaire, fut mis en liberté.

Poussin, Loiseau et Chevalier, convaincus d'être seuls auteurs du vol commis chez Soucieux, furent condamnés à mort, à Blois, sous la présidence de M. le conseiller Bordier.

Me Hennequin continue ensuite la plus brillante discussion sur d'autres faits imputés aux accusés, et dont il démontre habilement l'invraisemblance. Il termine à-peu-près ainsi :

« Vos convictions sont formées, MM. les jurés, et sans doute il vous tarde de les exprimer dans cette enceinte; il vous tarde de restituer pour ainsi dire à la vie ces deux jeunes gens; et si je vous parle ce langage, ce n'est pas que je place une vaine confiance dans mes paroles, ni que je me propose de dominer vos consciences par un langage plein de hauteur. Ce qui me donne tant de sécurité, c'est que, recueillant mes souvenirs, je cherche en vain le point d'appui d'une condamnation. L'acquittement, dans l'ordre moral du moins, n'est-il pas écrit dans la déclaration du jury de Nantes? Plongeant mes regards dans un avenir dont je m'indigne et dont je m'épouvante, je crois quelquefois voir ces deux jeunes gens, non pas tels qu'ils vous apparaissent en ce moment, brillans de jeunesse et palpitans d'espérance, mais vaincus par une longue captivité, préoccupés du souvenir de cette combinaison cruelle qui ne fit luire un moment la liberté devant eux que pour les plonger dans l'horreur d'une captivité perpétuelle. Ils sont dans une prison d'État..... ils sont tombés dans cette oblitération fatale des facultés intellectuelles que l'isolement et la prison n'amènent que trop souvent.... une idée fixe les domine.... le jury de Nantes ! ! ! !..... Ils se disputent cette déclaration qui fut impuissante à les sauver, et la présentent à tous ceux qui les abordent : « Nous étions acquittés, disent-ils, en voilà la preuve ; mais on nous a privés de nos juges ! ! ! ! » Ah ! qui donc pourrait s'approcher sans rougir de ces infortunés, trahis par les lois et, pour ainsi dire, par la société toute entière ! ! ! Cet avenir, je ne dois pas le redouter ; tout est jugé ; l'attentat nulle part ; et je ne dois songer qu'à la salutaire influence du verdict que j'attends de vous. Tout ce qu'il y a de réel et de providentiel dans nos lois va se trouver attesté dans la merveilleuse histoire de ces accusés que n'auront pas vainement secourus deux fois les arrêts de la cour suprême ! ! ! Que d'enseignemens vont ressortir de cette décision qui brise les fers de deux accusés, et qui consacre des garanties pour tous ! »

Après la plaidoirie de Me Hennequin, M. le second avocat-général s'est levé, et a annoncé qu'il était disposé à répliquer, mais à la condition que l'audience ne serait pas suspendue après sa réplique, et que Me Hennequin prendrait la parole immédiatement après lui.

Cette singulière prétention a égayé l'auditoire ; mais, pour la justifier, M. le second avocat-général a naïvement avoué qu'il ne voulait pas qu'une suspension de l'audience permettant à Me Hennequin de se préparer, lui fît perdre ce qu'il a appelé son *avantage*.

Mᵉ Hennequin a très-spirituellement critiqué cette bizarre demande, et a prié M. l'avocat-général de trouver bon que la défense conservât un *avantage* qu'elle ne devrait qu'au hasard.

La cour, d'après le desir de MM. les jurés, a ordonné la remise à six heures du soir. Alors M. le second avocat-général, qui avait eu *l'avantage* de préparer sa réplique, a, pendant deux heures, persisté avec une nouvelle ardeur dans tous ses moyens d'accusation. Nous avons remarqué qu'il avait eu le temps d'improviser cette pensée très-remarquable, que le renvoi que la cour de cassation a traité d'abus de pouvoir n'avait pas *exercé une influence FACHEUSE sur le jury de Rennes.* Chacun s'est rappelé, en frémissant, que, d'après cette *influence,* la déportation de MM. Laroche et Mornet du Temple avait été prononcée. Quoique Mᵉ Hennequin eut perdu son *avantage,* il a trouvé le moyen, dans une réplique pleine de verve et d'entraînement, de pulvériser les longues argumentations de M. le second avocat-général.

Les débats terminés, M. le président en fait le résumé avec une clarté remarquable et surtout avec une impartialité à laquelle nous nous empressons de payer un juste tribut d'éloges. Quatre questions sont soumises au jury : elles sont relatives, pour chacun des deux accusés, à l'attentat ayant pour but de détruire ou de changer le gouvernement, etc.; et à la tentative d'attentat, etc. Les jurés rentrent dans la salle après une demi-heure de délibération, et déclarent les accusés *non coupables* sur chacune de ces questions. A peine M. le président a-t-il, en conséquence de cette déclaration, prononcé la mise en liberté de MM. Laroche et du Temple, que les applaudissemens, long-temps comprimés, éclatent sur tous les points de la salle; le banc des accusés est à l'instant envahi; on se presse autour de ces deux jeunes hommes

et de leur éloquent défenseur, pour les embrasser tour-à-
tour, pour leur serrer les mains, pour leur exprimer de
plus près le bonheur que chacun éprouve; les jurés,
plusieurs des témoins, reçoivent en même temps et de
tous côtés des marques de la satisfaction générale; cette
instinctive émotion se communique à ceux même auxquels les accusés et les opinions professées par eux sont
le plus étrangers. La foule s'écoule lentement malgré
l'heure avancée (10 heures du soir), chacun se félici-
tant de ce juste et mémorable acquittement comme d'un
triomphe de l'innocence sur des passions mauvaises, comme
d'une gloire nouvelle pour notre cité.

Tandis que les jeunes acquittés recevaient les embrasse-
mens de leurs parens, de leurs amis, et les touchantes
marques d'intérêt de tous, le nom de M. Demangeat a
été répété avec indignation par les hommes de tous les partis. Au sortir de l'audience, dans la salle des Pas-Perdus,
et jusque dans les rues remplies des spectateurs de ce
drame de deux jours dont le dénouement était si impa-
tiemment attendu, on a réuni avec bonheur les noms de
Berryer, La Roche et Mornet du Temple, auxquels le procureur du roi de Nantes a fait payer si cher une partie de
leur illustration, tandis que ceux du colonel Tournier et de
Demangeat étaient rappelés dans un sens tout différent.

On n'a cessé de féliciter MM. La Roche et Mornet du
Temple de ce que la justice providentielle de la cour de
cassation les avait renvoyés devant la cour du Loiret, au
sein d'une population qui a donné tant de preuves d'intérêt et de loyauté, et surtout devant un jury éclairé, conscien-
cieux, qui a saisi avec un noble empressement l'occasion
de venger ces deux honorables jeunes gens des persécutions et des illégalités dont ils étaient depuis si long-temps
victimes.

www.ingramcontent.com/pod-product-compliance
Lightning Source LLC
Chambersburg PA
CBHW051241070726
47594CB00013B/1940